HOMELIE
DE LA
CORRECTION FRATERNELLE,
POUR LE SECOND DIMANCHE
DE L'AVENT,

Prononcée dans l'Eglise de S. Sulpice de Paris.

A PARIS,
Chez RAYMOND MAZIERES, ruë S. Jacques à la Providence.

M. DCCVI.
AVEC PERMISSION.

HOMELIE
DE LA
CORRETION FRATERNELLE, POUR LE SECOND DIMANCHE
DE L'AVENT,

Prononcée dans l'Eglise de S. Sulpice de Paris.

Joannes in vinculis. *Mat.* 11. 2.

Jean dans les liens. En S. Math. Chap. 11. 2.

IL arrive tout à propos, mes tres-chers Freres, que S. Jean nous est aujourd'huy representé dans l'Evangile chargé de fers, pour avoir voulu reprendre Herode. C'est un sujet qui convient parfaitement au lieu, & à la conjoncture du tems où nous sommes, tant pour appaiser l'émotion & le trouble qu'un dangereux Libelle avoit causé parmi nous, & que son Eminence, Monseigneur le Cardinal, nôtre digne Prélat, toûjours attentif à la conservation de la saine doctrine & de la bonne discipline, a condamné; & que les premiers Magistrats ne souffrant pas que l'on viole impunément de cette maniere la tranquillité publique, ni la paix des familles, ont severement proscrit; qu'afin que nous apprenions dans la conduite de S. Jean envers Herode, les regles que nous devons suivre dans l'exercice de la Correction Fraternelle, lorsque nous nous trouvons dans l'engagement de la faire. Nous convenons de l'excellence & de la necessité de cette pratique salutaire: C'est JESUS-CHRIST même qui l'a autorisée & ordonnée, & l'Eglise s'en est servie dans tous les siecles; mais il est question de son usage: Il n'appartient pas indifferemment à tout le monde de se servir de ce glaive spirituel. Apprenons-le dans l'exemple d'aujourd'huy, Messieurs: En effet, comme l'Evangile nous propose un parfait modele de la Priere dans la Cananée, d'une foy vive dans le Centurion, & d'un amour ardent dans la Madeleine, étudions dans la conduite de S. Jean, les sages regles de la Correction Fraternelle, & les conditions qui doivent l'accompagner, afin qu'elle soit faite avec succés.

J'en observe principalement quatre, que le saint

Précurseur a lui-même admirablement observées, la Prudence, le Zele, la Justice & l'Autorité. Commençons par la premiere.

PREMIERE CONSIDERATION.

La Prudence est absolument requise dans la Correction Fraternelle, qui sans cette vertu deviendroit non seulement inutile, mais même préjudiciable. Aussi le Sauveur voulant nous en prescrire la forme, met à la tête de cette obligation, ce mot remarquable : *Attendite.* Prenez bien garde à ce que vous allez faire; car s'il y a quelque rencontre dans la vie où nous devions bien examiner l'importance & les suites de ce que nous entreprenons : Sans doute que celle-cy en est une des principales, *Omne siquidem quod agimus, per studium considerationis prævenire debemus*, dit le grand saint Gregoire. Que s'il faut apporter tant d'attention pour ne pas blesser la chair vive lorsqu'on veut couper la chair morte, combien faut-il apporter de précaution quand il s'agit de retrancher les convoitises de nôtre cœur ? De quelle dexterité ne faut-il pas se servir pour une si délicate operation ? De quelle pieuse adresse n'usa pas le Prophete Natan, quand il voulut reprendre David ? David étoit Prophete lui-même, mais il étoit Roy. Il fallut lui proposer une Parabole, qui ne parut porter aucun caractere de la reprehension que Natan alloit lui faire. Le sort des Grands est en cela plus

Luc. 17. 3.

Homil. in illud Luc. Quis ex vobis volens turrim, &c.

à plaindre que celui des Pauvres, à qui l'on propose la verité sans ménagement: *Blandiendum est illis ut audiant veritatem*, disoit S. Augustin, parlant des Riches de la terre: *In vobis secanda est putredo*, disoit-il aux Pauvres.

Mais je trouve que la prudence de S. Jean paroît particulierement dans les circonstances suivantes.

Premierement, en ce qu'il ne reprit Herode qu'en particulier, & qu'il s'adressa à sa personne, & non à d'autre; il n'alla point porter à des oreilles étrangeres le recit des crimes de ce Prince: *Dicebat Herodi*; ce fut à lui-même qu'il s'en ouvrit, accomplissant ainsi avec exactitude ce que le Sauveur prescrit: *Corripe inter te & ipsum solum*. Quand vous reprenez vôtre frere, que ce soit d'abord entre vous & lui. Que personne n'en sçache rien. Autrement, si vous allez divulguer son crime, ce ne sera plus une correction, mais une diffamation. Vous blesserez la charité en voulant exercer un acte de charité; vôtre indiscretion lui fera rejetter vôtre reprehension: Parlez-lui avec un sage temperament; étudiez-vous à lui donner du repentir, & non pas de la confusion: *Studens correctioni, parcens pudori*, dit S. Augustin; gardez-vous bien de publier ses desordres à d'autres, car ce seroit lui faire un procés, & non une correction; ce seroit l'accuser, & non le guerir, continuë ce charitable Docteur: *Curare volo, non accusare*.

Ser. 16. de Verb. Mat. 2. Mat. intuens correctioni, &c.

Ibid.

En second lieu, S. Jean reprenant Herode, se

servit d'une maniere de parler aussi remplie de modestie que de douceur : Point de déclamation, point d'emportement, point d'aigreur, point de ton élevé : *Dicebat Herodi.* Il disoit à Herode : C'est ainsi que l'Apôtre, selon la remarque de S. Thomas, voulant 2. 2. q. 33.
qu'on fist la correction à un Evêque, sans doute a. 4. ad 2.
tres-coupable, puis qu'il ne remplissoit pas les devoirs de son ministere, écrivoit à ceux qu'il chargeoit de cette difficile, mais necessaire commission : *Dicite Archippo, Ministerium tuum imple.* Dites à ce Prélat qu'il s'acquitte de ses obligations. La vraye charité n'a que de la compassion, & point d'indignation : *Compassionem habet, non dedignationem.*

Troisiémement, nôtre saint Précurseur fait cette correction en tres-peu de paroles : *Non licet tibi*; cela ne vous est pas permis. Trois mots luy suffisent; aussi voyons-nous que le Seigneur voulant reprendre les premiers pecheurs du monde, ne dit à Adam Gen. 3. 9.
que ces deux mots : Adam, où estes-vous ? *Adam ubi* 13.
es? En quel abysme êtes-vous tombé; & à Eve que ceux-cy ? D'où vient que vous avez commis ce crime : *Quare hoc fecisti* ? & à Cain : Qu'avez-vous fait ? le sang de vôtre frere crie vengeance devant moy.

Samuël reprenant Saül, ne luy dit que ce peu de paroles : *Quid fecisti* ? Ah ! qu'avez-vous fait ? *Stultè* 1. Reg. 13.
egisti ? Vous avez agi en insensé : En effet, ces gran- 11.
des & longues déclamations, ces reproches qui ne finissent point, ces menaces & ces considerations si prolixes sur la colere du Seigneur, sur la turpitude,

& les effets funestes du peché, ne servent souvent qu'à rendre plus accablante & plus dégoutante, la reprehension déja assez amere par elle-même. Et n'est-ce pas exposer celuy qu'on reprend, à se revolter contre vous, & à le rendre ainsi plus méchant, en le voulant rendre meilleur, dit S. Augustin? *Ne quem vis facere correctiorem facias pejorem.* Il faut donc assez ordinairement reserver ces motifs & ces reproches, en un tems plus convenable.

Ibid.

Enfin S. Jean pour faire plus efficacement recevoir la correction, s'adresse d'abord à Herode, & non à Herodias, quoyque les femmes soient dans ces occasions ordinairement plus dociles que les hommes, & moins sujettes aux emportemens. Mais c'est en cela même que S. Jean nous donne un exemple rare, & une instruction pleine d'une prudence consommée, nous apprenant qu'il n'est pas souvent à propos de faire des reprehensions aux personnes qu'on juge incorrigibles & obstinées dans leurs pechez, de peur de les leur faire multiplier: *Ubi non est auditus, ibi non effundas sermonem*, dit le Sage. Herode avoit quelque reste de pudeur; il honoroit saint Jean comme un Prophete, il l'écoutoit, il faisoit beaucoup de choses sur ses remontrances, enfin il fut affligé de sa mort: mais Herodias plus impie, le persecutoit, elle en vouloit à sa vie, elle la luy ravit, & elle se réjoüit d'un si grand crime: Qu'eût-il donc servi de la reprendre? *Tanta est aliquando iniquitas*, dit S. Augustin, *ut corripi non possit.* Quand donc vous

vous voyez des pecheurs endurcis dans leurs desordres, un jureur qui blaſphémera, ſi vous le reprenez, un impie qui s'en prendra à la Religion; retirez-vous, & contentez-vous de gemir en ſecret pour luy devant le Seigneur, & de l'édifier par vos bons exemples, & abſtenez-vous du moins pour lors de le reprendre par vos paroles: C'eſt ainſi, encore une fois, que Dieu reprit nos premiers parens dans le Paradis terreſtre, & qu'il fit une ſevere correction à Adam & à Eve, parce qu'ils étoient capables d'en profiter; mais pour le ſerpent obſtiné dans ſa malice, il le punit ſans le reprendre: *Maledictus eris*. Malheur à ceux qui tiennent de ce caractere. Heureux ceux que le Seigneur châtie dans ſa miſericorde. *Corripit omnem filium quem recipit.* Quoy qu'aprés tout, nul ne ſoit abſolument incorrigible tandis qu'il eſt en cette vie.

SECONDE CONSIDERATION.

Voici une ſeconde conſideration. La correction doit être accompagnée de zele, autrement elle dégenereroit en moleſſe, & en reſpect humain: & c'eſt ce que pratiqua excellemment S. Jean, ayant comme un autre Elie, avec une intrepidité digne d'un Prophete, repris le cruel Prince dont nous parlons, *non licet tibi*. Mais gardez-vous bien icy de confondre le zele avec un temperament bilieux & chagrin. Le vray zele n'a ni emportement, ni indignation: le zele ſelon la ſcience n'admet point de paroles injurieuſes, de menaces, ni de clameurs: *Ira enim viri justitiam Dei non operatur.* Le Seigneur ne se trouve point dans l'émotion, ni dans la passion. La correction est un acte de charité qui nous engage à secourir le prochain dans son indigence spirituelle, & à le guerir dans ses maladies interieures : Or, qui jamais a fait l'aumône en maltraitant le pauvre ? qui jamais a mis du baume dans les playes d'un malade en le blessant ? Est-ce ainsi que le pieux Samaritain en usa ? Vôtre zele doit donc être revétu comme celui de S. Jean, des qualitez suivantes.

1°. Il faut qu'il soit *pur* ; c'est-à-dire, que vous ne cherchiez dans la correction que vous faites à vôtre frere, que son bien, & non le vôtre : qu'à le gagner au Seigneur, & non à vous procurer quelque avantage : *lucratus eris fratrem tuum.*

2°. Il faut qu'il soit *moderé*, autrement il sera semblable à ces purgatifs violens & excessifs, qui alterent la santé au lieu de la rendre, qui ruïnent le temperament au lieu de le rétablir. Celuy qui tire le lait avec violence fera bien-tost sortir le sang : *Qui vehementer lac emungit, elicit sanguinem.* Vôtre correction doit tenir de celle que Dieu fait aux pecheurs penitens, & que le saint Roy luy demandoit : Seigneur, ne me reprenez pas dans vôtre fureur, & ne me châtiez pas dans vôtre colere : prenez compassion de moy, Seigneur, parce que je suis l'infirmité même.

3°. Il faut que vôtre zele soit *fort*, non en affectant de reprendre en face ceux que vous voulez reprendre, non en vous abandonnant à la colere & à la vivacité, non en vous ſervant de termes hautains ou menaçans, ni en prenant un air fier & hardi, mais en ſouffrant avec patience, avec joye, avec douceur, les effets de la colere de ceux que vous avez repris avec juſtice : c'eſt l'idée qu'il faut avoir, & que les Saints nous donnent de cette force qui doit accompagner le zele. Combien de gens qui ſe prétendent zelez ne reconnoiſſent du zele que cette partie qui regarde les autres, & jamais celle qui les regarde eux-mêmes ? toûjours forts quand ils reprennent, toûjours foibles quand ils ſont repris. Juſques à quand ſerons-nous ſeveres aux autres, & indulgens à nous-mêmes ?

4°. Il faut en dernier lieu lieu qu'il ſoit *ſage*, ayant égard à la qualité, au rang, au ſexe, à l'âge de ceux que vous reprenez, ſelon cet avis de S. Paul : *Seniorem ne increpaveris, ſed obſecra ut patrem.*

Il eſt certain que le zele de S. Jean fut de ce caractere, il ne chercha de s'attirer, ni richeſſes, ni plaiſirs, ni honneurs, ni eſtime, dans la reprehenſion qu'il fit : il n'enviſagea que le ſalut d'Herode, que ſa converſion, que ſa penitence. Il le reprit avec tant de fermeté, qu'il ſe vit chargé de chaînes & jetté dans une priſon : mais il le fit avec tant de modeſtie & de douceur, que ce Prince l'aima toûjours, l'honora, le reſpecta, malgré le depit que luy devoit cauſer une ſemblable correction. C'eſt ainſi que le S. Roy David, qui avoit éprouvé tant de reprehensions & de corrections, disoit de lui : Le Juste me reprendra, mais avec charité & compassion, il s'abaissera au dessous de moy interieurement lors même qu'au dehors il s'élevera au dessus de moy avec force: il considerera combien la vertu a d'infirmité en nous, & combien l'infirmité a de vertu: que si je suis coupable par un endroit, il n'est pas innocent par l'autre : il sentira la foiblesse de la nature qui nous est commune, dans le temps qu'il me reprochera ma malice particuliere : il fera reflexion que c'est un coupable qui reprend un autre coupable, & toutes ses paroles seront accompagnées d'humilité, d'onction & de misericorde: car qu'est-ce que la misericorde, dit S. Augustin, sinon une commiseration, ou un mouvement de compassion sur la misere d'autruy? *Quippe ex eo misericordia dicitur, quod miserum faciat cor dolentis alieno malo.* C'est un mélange de nos larmes avec celles du prochain malheureux : faire la correction fraternelle dans cet esprit, quel fruit n'en doit-on pas attendre? Qui de vous l'a fait ainsi, & nous luy donnerons des loüanges ? Mais le pecheur n'ayant jamais que de l'aigreur & de l'amertume dans la bouche, ou une flaterie dangereuse qui porte le poison avec elle, ne fera qu'irriter mon mal au lieu de l'adoucir : *Arguet me justus in misericordia & increpabit me, oleum autem peccatoris non impinguet caput meum.* S. Jean prévit bien les perils où il s'exposoit en reprenant Herode, mais il s'y soumit avec courage.

Malgré la persecution qu'il souffrit, son zele fut

ſage & reſpectueux, car il reprit un Souverain, mais ſans bleſſer l'autorité Royale, ni la veneration qui lui étoit dûë: ſans cauſer aucun trouble, ſans exciter aucune émotion : tout ſe paſſa ſans bruit & ſans éclat : rendant ainſi à Ceſar ce qui étoit à Ceſar, à Dieu ce qui étoit à Dieu, & au Prochain ce qui étoit au Prochain.

TROISIÉME CONSIDERATION.

Que ſi le zele de S. Jean fut accompagné de prudence & de force, il ne le fut pas moins de juſtice: c'eſt à dire, que le crime pour lequel il reprit Herode étoit grand & conſtant : car de reprendre un homme qui n'eſt pas coupable, ou qui ne l'eſt que d'une faute legere, & peut-être douteuſe, c'eſt expoſer ſon autorité au mépris : Reprenez vôtre frere, dit le Sauveur, mais s'il a peché, *ſi peccaverit*, & ſi c'eſt un peché capable de le perdre, *lucratus eris fratrem tuum.* Gardez-vous donc bien de blâmer vôtre frere s'il n'eſt coupable, & s'il ne l'eſt conſtamment : ne bleſſez pas les Loix de l'équité en exerçant l'Office de Juge à ſon égard : n'exagerez point ſa faute : ne la rejettez pas toute entiere ſur lui : ne vous laiſſez pas aller à des ſoupçons & à des jugemens temeraires, ou trop rigoureux, ne voulant recevoir aucune excuſe, condamnant également le plus & le moins coupable, mêlant inconſiderément le vray avec le faux, le douteux avec le certain, &

ne proportionnant pas la reprehension à la faute : en un mot, ne censurez jamais sans avoir suffisamment, & de sang froid, examiné le crime prétendu, & cela sans prévention, & plus d'une fois, & aprés avoir invoqué le secours de Dieu dans la Priere.

Car il est constant, & l'experience le montre assez, qu'une reprehension trop outrée, ou trop peu fondée, n'est gueres moins nuisible au coupable que sa propre faute, & qu'un zele si peu éclairé, est moins à desirer dans celui qui reprend, que ne l'eût été son silence sur le peché qu'il veut corriger. Auparavant que de reprendre personne de sa faute, dit le Sage, soyez bien sûr qu'il l'a commise, & ne le reprenez même alors que dans le degré de rigueur convenable : *Prius quàm interroges ne vituperes quemquam, & cùm interogaveris, corripe justè.*

Au reste, nous voyons dans l'Ecriture, que le peché pour lequel on faisoit la correction de la part du Seigneur, étoit toûjours un peché grief & mortel, comme il paroît dans Adam, dans Caïn, dans les enfans de Noé, & ceux d'Heli, dans Saül, David, & Herode.

De plus, le peché étoit notoire & manifeste, & se produisoit de lui-même au dehors, ainsi que les exemples precedens en font foy : car d'aller foüiller dans le secret des familles, de gagner les domestiques pour sçavoir ce qui s'y passe, sous pretexte d'y apporter du remede par la correction, c'est visiblement blesser la societé civile, aussi bien que la charité commune, c'est rendre la pieté odieuse : Le Juste même a ses foiblesses, mais ce sont des foiblesses, & non des crimes : il s'en humilie, il en gemit, il s'en corrige : *Septies cadet justus & resurget :* mais ce lui seroit une peine de se voir observé : & nul examiné de prés n'est irreprehensible en tout : *Omnes in correptione sumus :* Car, comme dit S. Augustin, nous ne nous sommes pas tellement revêtus de JESUS-CHRIST, que nous ne portions bien encore des vieux restes de nos premiers parens : *Non sic Christo induti sumus, ut ex Adam nihil portemus.* Gardez-vous donc de tomber dans ces curiositez dangereuses : Dieu ne benit point un zele si indiscret : Ne cherchez pas des défauts cachez pour les reprendre, dit S. Augustin : c'est bien assez de reprendre ceux qui se presentent à vous, sans les chercher : *Non quærendo quid reprehendas, sed videndo quæ corrigas.* *S. Tho. 2. 2. q. 33. a. 2. ad 4.* Autrement, ajoûte l'Ange de l'Ecole, vous vous érigeriez en un Inquisiteur incommode & fâcheux, ainsi que s'exprime ce Saint : *Alioquin efficeremur exploratores vitæ aliorum.* Ce qui nous est deffendu dans l'Ecriture, par ces paroles du Sage, continuë ce grand Docteur : *Ne insidieris & quæras iniquitatem in domo justi, neque vastes requiem ejus.*

En troisiéme lieu, les pechez que nous voyons repris dans l'Ecriture, sont assez ordinairement des pechez d'habitude, tels que ceux de David & d'Herode : car de faire la correction pour un peché à peine commis, lorsque la passion est toute vive, n'eſt-ce pas percer un ulcere qui n'eſt pas encore mûr? Donnez donc quelque temps à la reflexion & à la Religion : peut-être que celui qui vient de commettre la faute rentrera en lui-même, & y rentrera utilement : En quoi conſiſte le fruit de la bonne correction, à moins cependant que la prudence n'exige autre choſe, car il eſt difficile dans la morale de fixer des regles invariables.

Enfin la correction regarde principalement les pechez ſcandaleux qui ſont pernicieux aux autres, & ce ſont ceux-là particulierement ſur leſquels les Superieurs ſont tenus par juſtice de veiller, & qu'ils ſont obligez de reprimer.

Le peché d'Herode avoit ces quatre qualitez : il étoit grand : c'étoit un adultere, un inceſte, un rapt : il étoit ſcandaleux & public : nul ne l'ignoroit ; il ſe produiſoit de lui-même : Enfin, c'étoit un peché d'habitude, & d'une habitude inveterée, le Pontife & le Levite gardoient le ſilence : S. Jean ſe vit dans une neceſſité indiſpenſable de parler, & de dire à ce Prince : *Non licet tibi*.

Tels ou ſemblables étoient ordinairement les pechez que Dieu faiſoit reprendre par ſes Prophetes : on ne dit pas qu'il faille ſouffrir les autres qui ſont moins grands : on doit reprendre ceux-là, & ne pas negliger ceux-cy : mais il eſt certain qu'on doit apporter aux uns & aux autres beaucoup de précaution, & qu'il y a un grand nombre de choſes reprehenſibles ſur leſquelles il faut ſe contenter de

gemir

gemir & de prier; car, entreprendre de censurer tous les dereglemens qui se commettent, ce seroit un zele aussi dangereux qu'insensé.

Le grand Constantin, premier Empereur Chrétien, donna un admirable exemple de cette retenuë; car plusieurs Prélats lui ayant presenté des Memoires remplis d'accusations & de plaintes ameres les uns contre les autres, il obligea ces Evêques de comparoître devant lui à une certaine heure; & ramassant tous leurs Placets, il les jetta en leur presence au feu, leur protestant qu'il n'en avoit lû aucun, que JESUS-CHRIST seul seroit leur Juge, & que s'il voyoit de ses propres yeux quelque Ministre du Seigneur commettre une méchante action, il se croiroit obligé de le couvrir même de sa pourpre, pour empêcher qu'elle ne fut exposée aux insultes des impies.

QUATRIÉME CONSIDERATION.

Mais outre la Prudence, le Zele, & la Justice, qui doivent se trouver dans celui qui fait des reprehensions, il faut de plus, qu'il soit ordinairement revêtu d'autorité; c'est à dire, du droit de veiller sur les autres, & de les redresser dans leurs égaremens.

Or cette autorité peut venir, ou d'une dignité qu'on possede, telle qu'est la Magistrature pour les choses temporelles; ou la Prélature pour les choses

ſpirituelles, quoy qu'il arrive aſſez ſouvent, que ceux qui ſont en droit de faire des corrections, s'acquittent de ce devoir avec negligence, & que ceux qui n'ont aucun titre, entreprennent de la faire avec imprudence.

Saint Jean poſſedoit éminemment ce double droit; car premierement, il étoit envoyé de Dieu comme un Miniſtre extraordinaire; il étoit une lampe ardente & lumineuſe; un Prophete & plus que Prophete; le plus grand d'entre tous les enfans des hommes; l'Ange & le Précurſeur du Seigneur. Qui pouvoit donc mieux que lui, reprendre Herode, au défaut, ſur tout, des Miniſtres ordinaires de la Synagogue, qui ſe taiſoient?

En ſecond lieu, quelle ſainteté fut plus éclatante & plus exemplaire, que celle de ſaint Jean; quelle plus éminente vertu pouvoit donner plus de droit de reprendre les Pecheurs, que la ſienne, puiſque même on le prenoit pour le Meſſie? Pourquoi donc s'étonner s'il reprit Herode? Il étoit même tenu à ce devoir de charité par reconnoiſſance, puiſque ce Prince l'honoroit, l'écoûtoit, & le protegeoit contre Herodias, occupée ſans ceſſe à tendre des pieges à la vie de ce ſaint Précurſeur.

C'eſt donc en vain que les enfans de Belial ne veulent reconnoître perſonne qui ſoit en droit de les reprendre de leurs crimes: nul n'eſt exempt de ce joug ſalutaire. Dans nôtre enfance, Dieu nous a ſoumis aux parens: Dans nôtre jeuneſſe nous avons des Maîtres & des Pedagogues, qui veillent ſur nous, & qui repriment nos mauvaiſes inclinations : Dans un âge plus avancé, nous avons des Superieurs Ecclesiaſtiques & Politiques, & en quelque tems de la vie que ce ſoit, ce ſouverain Createur ne nous abandonne pas à nôtre indocilité ; il nous a ſoumis à un moniteur ſecret, à la ſynde reſe, au remords de conſcience, qui nous reprend & nous châtie ſeverement de nos crimes, à meſure que nous les commettons. Le Pecheur arrogant & endurcy a beau fermer la bouche à ceux qui devroient le reprendre, au milieu de la nuit la plus calme, lorſque ſouvent ſon intemperance le réveille, il entend une voix dans le fond de ſon cœur ; les clameurs de ſa conſcience effrayée, qui lui crie ſans ceſſe : Quand eſt-ce que cette vie criminelle finira ? n'avez-vous pas horreur de vos vices, de vos injuſtices, de vôtre impieté, de vos ſcandales ? ne craignez-vous point une mort funeſte, les rigueurs de la Juſtice Divine ? Malheureux homme, ſacrilege, luxurieux ; méchante femme, orgueilleuſe, ſenſuelle, adultere ? rien ne peut appaiſer ces reproches ſanglans d'une conſcience bourelée : mais quel ſera ce ver rongeur dans l'enfer, qui tourmentera éternellement le Reprouvé, & qui ne mourra jamais ? J'ay pû, & je n'ay pas fait ; j'ay perdu la gloire, pouvant l'acquerir ; c'eſt moy ſeul qui ſuis l'auteur de ma perte. Ah, mes Freres, que le ver de conſcience nous tourmente donc utilement dans cette vie, afin que nous ne l'éprouvions pas en l'autre : Soyons dociles à ce Moniteur ſecret, tandis que ſes reprehenſions peuvent nous être ſalutaires.

Au reſte, vous, Particulier, qui reprenez les autres, puiſque vous ne le pouvez en vertu de vôtre dignité, ſoyez du moins autoriſé par une probité reconnuë, & une vie irreprochable ; car autrement vos corrections ſeront preſque toûjours, & inutiles à vôtre frere, & nuiſibles à l'honneur du caractere, quand même vous en auriez un, particulierement ſi vous êtes engagé dans la profeſſion Eccleſiaſtique ; Car c'eſt à vous que s'adreſſeront alors ces paroles de l'Ecriture : Dieu a dit au Pecheur, d'où vient que vous avez la hardieſſe d'annoncer ma Juſtice aux autres, & de profaner mon nom par vôtre bouche ſacrilege? les diſcours de pieté ne conviennent pas à la vie que vous menez ; les ſages remontrances que vous faites à vos freres ſont dementies par vôtre conduite indigne ; le mépris qu'on fait de vôtre perſonne réjaillit ſur les veritez que vous prêchez : N'avez-vous pas honte de parler de la chaſteté, vous qui êtes un impur ? de la temperance, vous qui êtes un ſenſuel ? Il faut que celui qui ſe mêle de reprendre les autres, ſoit lui-même irreprehenſible ; autrement, on lui dira, Medecin, gueriſſez-vous vous-même ; & il rougira, lui qui reprend, au lieu de faire rougir ceux qu'il reprend : Vous me blâmez, dira l'Indocile, de ce que j'aime le monde, de ce que je ſuis attaché aux richeſſes, de ce que je cours aprés la fortune : Je l'avouë, je suis coupable en cela ; mais vous n'êtes pas innocent par bien d'autres endroits ; vous faites paroître une vanité insupportable ; vous voulez dominer sur tout le monde ; vous cherchez les applaudissemens, les loüanges, l'estime des creatures, & vous tendez à vos fins interessées, par je ne sçay combien de voyes secretes & artificieuses ; vous n'êtes pas propre pour me guerir de mes infirmitez & de mes langueurs ; j'ay besoin d'une autre main que de la vôtre pour ma conversion.

C'est ainsi que vous répondra, du moins interieurement, celui que vous réprendrez exterieurement, si vous n'estes pas vous-même irreprehensible : Mais d'ailleurs quel succés peut se promettre un pere impie, luxurieux, injuste, qui reprendra son fils de sa luxure, de ses impietez, & de ses injustices ? comment est-ce qu'une mére livrée au jeu, au luxe, aux spectacles, osera reprendre sa fille vaine & mondaine, de semblables déreglemens ?

Il est donc nécessaire dans celui qui reprend, outre l'autorité que donne le rang, d'avoir encore, l'autorité que donne la vertu : Souvenons-nous de cette Dame si celebre, qui ayant quitté toutes les grandeurs Romaines, pour se retirer dans un Monastere des filles à Jerusalem, reprenoit toutes ses Sœurs, dit S. Jerôme, *pudore & exemplo*, par la honte qu'on avoit de ne la pas imiter, & par les reproches qu'on se faisoit de ne la pas suivre ; nul n'est exempt de faire la reprehension en cette maniere, & chacun est tenu de reprendre son frere quelquefois par ses paroles, lui disant avec S. Jean, *non licet tibi*, souvent par le silence; & c'est ainsi que le Sage assure, que l'homme charitable en se taisant reprend severement le medisant qui déchire la reputation de son frere: *Ventus aquilo dissipat nubes, & facies tristis linguam detrahentem.* Enfin il faut toûjours reprendre par le bon exemple: nul n'est exempt de cette espece de reprehension.

Saint Jean reprenoit Herode en ces trois manieres; par ses paroles, en lui disant, cela ne vous est pas permis; mais cette reprehension une fois faite, ne finissoit point, *dicebat*; elle subsistoit aprés avoir été proferée; elle étoit continuelle par une vertu secrete, *dicebat*. En second lieu, par ses exemples; son Cilice affreux reprenoit les habits pompeux d'Herode, dont l'Evangile parle: *Qui in domibus regum sunt, in veste pretiosâ sunt.* Son jeûne perpetuel & austere, reprenoit ses festins & sa bonne chere, au milieu de laquelle il commanda la mort d'un si grand Prophete: *Fecit convivium.* Son silence reprit Herode, même aprés que ce Prince l'eût fait mourir; car c'est ainsi que S. Ambroise apostrophe ce Prince cruel: Qu'est-ce que je vois, dit ce grand Saint? On court de la salle du banquet à la prison: Qui ne croiroit que c'est pour faire grace à quelque malheureux? Mais non, c'est pour couper la tête au plus grand des Prophetes: Qu'a de commun la cruauté avec les délices ? on apporte la tête de S. Jean dans un bassin : Quel spectacle ! Regardez-le, Prince impie & inhumain, & écoûtez les reprehensions que ce Prophete vous fait même aprés sa mort, & sans dire mot ; elles doivent vous être plus redoutables que ne l'estoient celles qu'il vous faisoit pendant sa vie : Voyez ses yeux ; ils sont fermez, il est vray, mais ce n'est point par la necessité qu'impose la mort ; c'est l'horreur qu'il a de vôtre luxe : cette bouche est fermée, il est vray, mais son silence vous reproche plus hautement vos crimes, que quand elle s'ouvroit pour vous dire, *non licet tibi.* Cette langue est muette, non point parce que la mort l'oblige à se taire, mais parce que vous n'avez pas profité des paroles de vie qu'elle vous a annoncé pendant qu'elle avoit l'usage libre de la voix : Enfin cette tête coupée, & encore toute sanglante, est une condamnation publique de vôtre cruauté, & de vôtre impieté : *Aspice oculos in ipsa morte sceleris tui testes, accusantes conspectum deliciarum : clauduntur lumina, non tam mortis necessitate, quàm horrore luxuriæ : Os aureum illud cujus sententiam ferre non poteras, conticescit, & adhuc timetur.* Et rien ne peut vous être plus formidable qu'une si terrible ménace, qu'une reprehension si effrayante. C'est ainsi, dit l'Ecriture, que le Juste, quand il est mort, reprend encore le Pecheur vivant : *Condemnat Justus mortuus vivos Impios.*

Permettez-moy, Messieurs, de faire en ce lieu, une application d'une histoire que nous lisons dans le Livre des Rois. Joram fut un Prince des plus impies & des plus méchans, qui jamais ait gouverné le Peuple de Dieu : La cruauté, l'idolatrie, l'oubli du vray Dieu, & la transgression de ses plus saintes Loix, rendirent son Regne abominable devant le Seigneur, & infiniment pernicieux à ses Sujets qu'il entraînoit dans ses crimes : Nul n'osoit le reprendre; les Ministres de la Synagogue craignans les effets de la colere de ce Prince cruel, qui sembloit même avoir étouffé les remords de sa conscience, se taisoient : Mais voicy un Moniteur intrepide qui va le reprendre hardiment; on lui porte des Lettres sans sçavoir d'où elles viennent : aucun courier ne paroît; nul messager : on croit qu'on en trouvera l'éclaircissement en faisant l'ouverture de ce paquet : on le décachete; on voit que ce sont des Lettres du Prophete Elie, enlevé de ce monde depuis plusieurs années : *Allatæ sunt ei Litteræ ab Eliâ Prophetâ.* Ces Lettres sont remplies de ménaces contre ce malheureux Prince; que sa mesure est comble; que la colere de Dieu va l'exterminer, & que son Royaume est sur le point d'être détruit? Qu'est-ce que cette avanture si extraordinaire nous apprend? sinon, ce que nous venons de dire, qu'afin de reprendre utilement & avec une sainte hardiesse, les Pecheurs les plus obstinez, il faut n'être plus de ce monde. Car si vous vivez encore à la chair & au sang, à la fortune & à vos interêts, à la reputation, ou à vous même : en un mot, si vous n'êtes pas mort depuis long-tems à toutes les choses d'icy-bas :

d'icy-bas : Si vous n'êtes un homme de l'autre monde, détaché, desintereſſé, mortifié, ne tenant à rien, ne prétendant rien, ne regardant rien que Dieu & que le ſalut du prochain : n'eſperez pas beaucoup de fruit de vos reprehenſions ; ou vous n'oſerez pas les faire, ou elles n'auront pas grand ſuccés ni grande benediction ſi vous les faites.

Vous me direz peut-être ; mais quoy, ſi quelqu'un d'entre les morts m'écrivoit de ſemblables Lettres, je n'heſiterois pas un moment ; je me convertirois au Seigneur ; je croirois, & je ferois penitence : Aveugles que nous ſommes, n'avons-nous pas les Lettres des Apôtres ; les Ecrits des Evangeliſtes ; l'Evangile même qui nous eſt envoyé du Ciel, non de la part d'un Prophete, mais de la part de Dieu même ; de la part de nôtre Pere celeſte : n'y liſons-nous pas que nous ſommes à la veille de nôtre ruïne ; que ſi nous ne faiſons penitence, nous ſommes perdus ; que c'eſt une choſe horrible de tomber entre les mains du Dieu vivant : Qu'attendons-nous donc pour nous convertir au Seigneur ? Comment oſons-nous dire encore avec le mauvais Riche dans l'enfer : *Si quis ex mortuis ierit, pœnitentiam agent.* Apprenons par toute cette doctrine, quels nous devons être quand nous faiſons des reprehenſions, & en quel eſprit nous devons les recevoir quand on nous en fait, afin que nous allions tous dans ce lieu, où il n'y aura plus de reprehenſions, parce qu'il n'y aura plus de défaut.

F I N.

www.ingramcontent.com/pod-product-compliance
Ingram Content Group UK Ltd.
Pitfield, Milton Keynes, MK11 3LW, UK
UKHW020534180726
13839UKWH00006B/2503

9 782329 565378